AF369531

Vente du Samedi 29 Janvier 1870

BELLE COLLECTION

D'OBJETS

DE

LA CHINE

ET DU JAPON

EXPOSITION PUBLIQUE

Le Vendredi 28 Janvier 1870

DE UNE HEURE A CINQ HEURES

Mᵉ CHARLES PILLET
Commissaire-Priseur.

M. CHARLES MANNHEIM
Expert.

CATALOGUE

D'UNE BELLE COLLECTION

D'OBJETS DE LA CHINE

ET DU JAPON

ÉMAUX CLOISONNÉS DE LA CHINE

Grands Vases, belles Vasques, Jardinières, Brûle-Parfums,
Coupes, etc.

BRONZES INCRUSTÉS D'ARGENT;

MATIÈRES PRÉCIEUSES; PORCELAINES DE LA CHINE

ET POTERIES DE SATSOUMA

DONT LA VENTE AURA LIEU

HOTEL DROUOT, Salle N° 8

Le Samedi 29 Janvier 1870

A DEUX HEURES

Par le ministère de Mᵉ **CHARLES PILLET**, Commissaire-Priseur,
10, rue Grange-Batelière,

Assisté de M. **CH. MANNHEIM**, Expert, 7, rue Saint-Georges.

Chez lesquels se trouve le Catalogue.

EXPOSITION PUBLIQUE :

Le Vendredi 28 Janvier 1870, de une heure à cinq heures.

CONDITIONS DE LA VENTE

Elle sera faite au comptant.

Les adjudicataires payeront *cinq pour cent* en sus des enchères.

L'exposition mettant le public à même de se rendre compte de l'état des objets, il ne sera admis aucune réclamation une fois l'adjudication prononcée.

Paris. — imp. de PILLET fils aîné rue des Grands-Augustins, 5.

DÉSIGNATION DES OBJETS

ÉMAUX CLOISONNÉS

1 — Deux grandes et belles vasques en émail cloisonné, à fleurs sur fond bleu turquoise et médaillons décorés d'arbustes sur fonds variés. Elles sont enrichies de belles bordures et d'ornements réservés en bronze doré.

Diam., 55 cent.

2 — Deux très-beaux vases, modèle balustre, en émail cloisonné, à fleurs, arabesques et ornements en couleurs variées sur fond bleu turquoise.

Haut., 67 cent.

3 — Deux belles jardinières de forme ronde et à quatre lobes en émail cloisonné sur fond bleu turquoise. Chacun des lobes offre un dessin varié, composé de fleurs et d'oiseaux; bordure inférieure à fond noir et ornements en couleurs.

Haut., 29 cent.; diam., 47 cent.

4 — Deux jolis vases, modèle cornet, à panse renflée et surbaissée. La panse est décorée de médaillons et d'insectes se détachant sur fond bleu turquoise. La gorge, évasée,

offre des fleurs émaillées en couleurs sur fond rouge et l'intérieur du vase, une frise de poissons.

Haut., 31 cent.; diam., 28 cent.

5 — Joli vase en forme de balustre renversé, à goulot très-étroit, en émail cloisonné, à branches de pêchers sur fond bleu turquoise et lambrequins à rosaces et signes de longévité.

Haut , 42 cent.

6 — Deux vases forme bouteille, à panse sphérique et goulot droit, en émail cloisonné, à fleurs-arabesques en couleurs sur fond bleu turquoise.

Haut., 43 cent.

7 — Deux jolis vases en forme de grenade, à panse sphérique lobée et à gorge festonnée. Ils sont décorés de fleurs et d'oiseaux émaillés en couleurs sur fond bleu turquoise. La gorge offre des fleurs émaillées rouge et blanc.

Haut., 30 cent.

8 — Deux grandes coupes carrées sur piédouches à nœuds, en émail cloisonné, à fleurs et ornements de couleurs sur fond bleu turquoise.   Haut., 23 cent.

9 — Deux beaux vases, modèle rouleau, en émail cloisonné, fond bleu turquoise, décorés de médaillons ronds et carrés, à fleurs et animaux sur fonds variés, blanc, vert et rouge.

Haut., 47 cent.

10 — Brûle-parfums de forme sphérique, reposant sur trois pieds bas, à anses en S surélevées et à couvercle, le tout en émail cloisonné à fleurs sur fond bleu turquoise. Le bouton du couvercle est en bronze doré.

Haut., 29 cent.

11 — Deux vases de forme cylindrique en émail cloisonné, à arbustes et oiseaux en couleurs, sur fond bleu turquoise.
Haut., 41 cent.

12 — Deux jolis vases, modèle bouteille, à panse droite, en émail cloisonné à rosaces, insectes et fleurs sur fond bleu turquoise.
Haut., 39 cent.

13 — Deux vases de forme cylindrique, à couvercles, en émail cloisonné, à fleurs, rosaces et papillons en couleurs, sur fond bleu turquoise.
Haut., 30 cent.

14 — Deux jolis vases, modèle rouleau, en émail cloisonné, à fleurs sur fond bleu turquoise.
Haut., 35 cent.

15 — Deux beaux vases, modèle balustre, à deux anses, en émail cloisonné, à fleurs sur fond bleu turquoise et enrichis de médaillons, décorés d'animaux sur fond bleu foncé et vert.
Haut., 32 cent.

16 — Petit bassin rond en émail cloisonné de la Chine, à fleurs et oiseaux en couleurs sur fond blanc. L'extérieur est décoré de quelques fleurs se détachant en couleurs sur fond bleu turquoise.
Diam., 29 cent.

17 — Deux jolis vases, forme bouteille, en émail cloisonné, à fleurs et oiseaux sur fond bleu turquoise et enrichis d'une bande d'entre-deux émaillée bleu foncé à fleurettes blanches.
Haut., 33 cent.

18 — Jolie coupe en émail mince cloisonné, à fleurs et oiseaux en couleurs, sur fond bleu et bandes d'ornements sur fond blanc. Elle offre, à l'intérieur, des dragons et des ornements sur fonds variés blanc, bleu et violet.

Diam., 23 cent.

BRONZES

19 — Deux beaux vases, modèle cornet, à panse renflée e pieds hexagones, en bronze niellé d'argent, à fleurs et ornements. Les anses sont formées de dragons ailés, niellés de même. Travail japonais.

20 — Brûle-parfums, à deux anses mobiles, en bronze, à médaillons de paysages et figures en relief. Le couvercle, découpé à jour, offre, en relief, une figure de divinité montée sur un ibis.

Diam., 27 cent.

21 — Deux vases, à larges plateaux, reposant sur des pieds à balustres garnis de dragons fantastiques, en ronde bosse Bronzes japonais finement niellés d'argent.

Haut., 33 cent.

22 — Coupe ronde en bronze, munie d'une patine rougeâtre, reposant sur un pied composé de branches de fleurs en bronze vert.

Diam., 30 cent.

23 — Veilleuse à bain-marie, en forme de fruit. Bronze japonais, muni d'une patine noire.

Haut., 26 cent.

24 — Jardinière d'angle, de forme cintrée, en bronze, à ornements en relief.

Larg., 39 cent.

25 — Deux flambeaux en bzonze, à médaillons en relief, en bronze japonais, munis d'une patine rougeâtre.

Haut., 23 cent.

26 — Deux petits vases, modèle cornet en bronze, à médaillons et à anses. Travail japonais.

Haut., 14 cent.

27 — Très-petit brûle-parfums de forme surbaissée, en bronze. Le couvercle est surmonté d'une chimère.

Haut., 12 cent.

28 — Joli vase, modèle balustre hexagone en bronze, muni d'une patine marbrée rougeâtre. Travail chinois.

Haut., 39 cent.

29 — Joli vase formé de deux carpes debout et accolées, en bronze incrusté d'or et d'argent. Travail chinois. Socle en bois sculpté.

Haut., 18 cent.

30 — Petite jardinière de forme cylindrique, en bronze, à fleurs en relief dorées et bandes de grecques incrustées d'argent. Elle porte une marque gravée et dorée.

Diam., 12 cent.

31 — Petit brûle-parfums de forme surbaissée, à ornements, oiseaux et insectes dorés, et à deux anses, têtes fantastiques.

Diam., 15 cent.

MATIÈRES PRÉCIEUSES

32 — Cristal de roche. — Joli vase de forme ovale, à figurine d'enfant en relief et à couvercle surmonté d'une chimère. Il repose sur un pied rocaille en bronze doré, garni de fleurettes de porcelaine, de travail français moderne, avec plateau en céladon bleu turquoise, gaufré sous émail, garni d'une monture et à pieds rocaille en bronze doré.

Haut., 20 cent.; larg., 21 cent.

33 — Jade gris verdâtre. — Coupe en forme de fruit, à fleurs et branchages pris dans la masse. Elle a été garnie d'un pied bas en bronze doré de travail français moderne.

Haut., 9 cent.

34 — Cristal de roche. — Boîte de forme carrée et plate, à ornements et chiffres gravés.

Larg., 10 cent.

35 — Agate orientale blonde et mamelonnée. Jolie coupe ronde à six lobes.

Diam., 12 cent.

36 — Cristal de roche. — Petit vase à deux anses et à couvercle, surmonté d'une chimère.

Haut., 15 cent.

37 — Cristal de roche. — Coupe en forme de fruit, à anse, à branchages pris dans la masse.

Larg., 11 cent.

38 — Cristal de roche. — Petit vase à eau de forme surbaissée, à couvercle et à deux anses, têtes d'animaux.

Larg., 7 cent.

39 — Cristal de roche. — Petit vase à eau en forme de fruit, entouré de branchages et de feuillages.

Larg., 6 cent.

40 — Cristal de roche. — Petit vase de forme ronde et surbaissée, à couvercle, taillé à côtes très-étroites.

Diam., 7 cent.

41 — Jade vert émeraude. — Jolie épingle en forme de fruit, montée en or et demie-perle.

PORCELAINES

42 — Grande et belle vasque de forme semi-ovoïde en céladon vert d'eau, à larges fleurs et chimères gaufrées sous émail.

Diam., 60 cent.

43 — Grand vase, modèle balustre, à deux anses, en porcelaine de Chine, décoré de pivoines et d'ornements en camaïeu bleu.

Haut., 80 cent.

44 — Jardinière de forme sphérique, à deux anses en relief, en porcelaine craquelée gris verdâtre de la Chine.

Haut., 40 cent.

45 — Grande jardinière de forme ovoïde, en porcelaine de Chine, décorée de dragons à cinq griffes en camaïeu bleu.

Haut., 58 cent.

46 — Deux jolis vases, modèle balustre, en ancienne porcelaine de Chine, décorés de figures émaillées en couleurs. Course d'amazones.

Haut., 37 cent.

47 — Deux jolis vases, modèle balustre, à deux anses, en porcelaine de Chine, fond bleu turquoise, à fleurs et ornements émaillés en couleurs et or.

Haut., 38 cent.

48 — Jardinière à anses, têtes chimériques et anneaux saillants, en porcelaine de Chine, décorés de figures montées sur des animaux fantastiques et attributs divers en bleu et rouge de cuivre.

Haut., 32 cent.

49 — Deux vases, modèle potiche, en porcelaine de Chine, décorés en émaux de la famille verte, à fleurs et oiseaux.

Haut., 35 cent.

50 — Deux vases, modèle cornet, à panse renflée, décorés de caractères et ornements en relief, émaillés en couleurs sur fond jaune jonquille.

Haut., 38 cent.

51 — Deux vases de forme cylindrique, décorés de figures
émaillées en couleurs. Quoique décorés de sujets diffé-
rents, ces vases peuvent se faire pendant.

Haut , 43 cent.

52 — Vase de forme cylindrique en porcelaine de Chine, décoré de sujets mythologiques émaillés en couleurs.

Haut., 51 cent.

53 — Deux jolies jardinières de forme sphérique surbaissée,
en porcelaine de Chine, à fleurs et ornements émaillés en
couleurs sur fond bleu turquoise.

Haut., 19 cent.

54 — Joli vase, forme bouteille, en céladon bleu turquoise de
belle qualité, jaspé de bleu foncé.

Haut., 36 cent.

55 — Deux vases, modèle balustre, en porcelaine de Chine,
à panse sphérique décorée de fleurs et d'arbustes émaillés
en couleurs sur fond blanc, et cols décorés de fleurs sur
fond bleu turquoise.

Haut., 33 cent.

56 — Joli vase, à double enveloppe et à trois médaillons découpés en poterie de Satsouma, décoré de fleurs émaillées
en couleurs et rehaussées d'or. Modèle rare.

Haut., 46 cent.

57 — Joli vase en céladon bleu turquoise, modèle balustre, à
col évasé.

Haut , 33 cent.

58 — Joli vase, modèle balustre allongé, en porcelaine de

Chine, décoré d'arbustes, de fleurs, de fruits et d'oiseaux émaillés en couleurs sur fond blanc et cols décorés de fleurs sur fond bleu clair.

Haut., 46 cent.

59 — Deux vases modèle balustre, décorés de figures émaillées en couleurs.

Haut., 31 cent.

60 — Vase très-curieux en poterie de Satsouma, à double enveloppe réticulée à jour et composée de rosaces émaillées rouge, vert et or. Le cylindre intérieur est décoré de figures. La gorge évasée est garnie de deux anses en S.

Haut., 40 cent.

61 — Jolie jardinière en céladon bleu turquoise.

Diam., 23 cent.

62 — Vase modèle balustre en porcelaine de Chine, à arbustes, fleurs et oiseaux en relief, émaillés en couleurs sur fond jaune.

Haut., 48 cent.

63 — Pot à eau, modèle casque, et bassin à pans en ancienne porcelaine de Chine, décorés en émaux de la famille verte, à fleurs et oiseaux.

Haut. du vase, 26 cent.

64 — Deux vases modèle balustre, à deux anses, en porcelaine de Chine, décorés de fleurs émaillées en couleurs sur fond blanc, et médaillons de paysages.

Haut., 32 cent.

65 — Vase en céladon bleu turquoise truité.

Haut., 33 cent.

66 — Vase forme bouteille en porcelaine de Chine, décoré de
dragons en camaïeu bleu sur fond blanc.

Haut., 51 cent.

67 — Vase modèle rouleau en porcelaine de Chine, décoré de
figures émaillées en couleurs sur fond craquelé brun
clair.

Haut., 42 cent.

68 — Brûle parfums de forme sphérique, reposant sur trois
pieds bas, à deux anses en S et à couvercle en porcelaine
de Chine, décoré de fleurs et d'ornements émaillés en
couleurs sur fond vert clair.

69 — Vase de forme ovoïde en porcelaine de Chine, décoré
de fleurs et de chauves-souris en couleurs sur fond blanc.

Haut., 30 cent.

70 — Théière à bain-marie en poterie de Satsouma, décorée
de fleurs émaillées en couleurs.

Haut., 27 cent.

71 — Jolie petite jardinière ronde en céladon bleu turquoise.

Haut., 13 cent.

72 — Vase modèlé balustre à trois anses en porcelaine de
Chine, décoré de fleurs et d'oiseaux émaillés en couleurs.

Haut., 30 cent.

73 — Très-joli plat en ancienne porcelaine de Chine, décoré
en émaux de la famille rose. Il offre au centre les deux

canards, emblème de l'amour conjugal, et au bord les divinités protectrices.

Diam., 38 cent.

74 — Joli brûle-parfums de forme sphérique, reposant sur trois pieds droits à deux anses en S et à couvercle surmonté d'une chimère assise, en poterie de Kanga, décoré d'ornements en couleurs et or. Belle qualité

Haut., 29 cent.

75 — Plat rond en ancienne porcelaine de Chine, décoré en émaux de la famille verte, à figures de cavaliers combattant en présence de personnages placés dans une tribune.

Diam., 38 cent.

76 — Beau plat en ancienne porcelaine de Chine, décoré en émaux de la famille verte, à large corbeille de fleurs au centre et ornements au bord.

Diam., 38 cent.

77 — Petit tabouret en porcelaine de Chine, décoré de dragons et d'ornements en relief, émaillés en couleurs sur fond blanc, et rehaussés de plantes gravées au trait sous émail.

Haut., 31 cent.

78 — Joli plat en ancienne porcelaine de Chine, décoré en émaux de la famille verte, à sujet de guerriers.

Diam., 38 cent.

79 — Vase forme balustre, à deux anses découpées à jour, en porcelaine de Chine, décoré de fleurs et de chauves-souris en couleurs.

Haut., 35 cent.

80 — Plat rond en ancienne porcelaine de Chine, décoré en
émaux de la famille verte, à fleurs et papillons au centre
et ornements au bord.

Diam., 35 cent.

81 — Deux vases en porcelaine moderne de la Chine, décorés
à l'imitation des anciennes porcelaines à fleurs, oiseaux
et ornements.

Haut., 45 cent.

82 — Plat rond en ancienne porcelaine de Chine, décoré en
émaux de la famille verte, à figures de cavaliers et ornements.

Diam., 35 cent.

83 — Petit vase modèle balustre en porcelaine de Chine,
craquelée brun clair et décoré de papillons et de fleurs
en camaïeu bleu.

Haut., 29 cent.

84 — Plat rond et creux, sans bord, en ancienne porcelaine
de Chine, décoré en émaux de la famille verte, à figures.

Diam., 39 cent.

85 — Vase à fleurs de forme cylindrique, décoré en émaux
de la famille verte, à fleurs et oiseaux, et portant de lon-
gues inscriptions.

Haut., 15 cent.

86 — Porte-allumettes en céladon bleu turquoise, composé
de bambous et feuillages en relief.

Haut., 11 cent.

87 — Vase modèle cornet, reposant sur trois pieds et à
fleurs émaillées en couleurs.

88 — Vide-poche en faïence de Kanga, composé de quatre coupes rondes, accouplées et décorées d'émaux verts, rouges et or.

89 — Coupe en forme de jonque, en porcelaine de Satsouma ; décor à lambrequins rouge et or.

90 — Coupe en porcelaine, de forme ronde et creuse, à bords dentelés et découpés à jour, décorée d'émaux rouges, jaunes et verts, au centre un médaillon avec chimères.

91 — Compotier hexagone en porcelaine du Japon, décorée de cartouches quadrillés et rouges alternés.

92 — Grand plat en porcelaine du Japon, décoré en camaïeu bleu sur fond blanc, à médaillons de paysages et bordure à rinceaux.

93 — Trois poignards japonais, munis de leurs accessoires; gaines laquées et gardes ornées d'incrustations d'or et d'argent. Ce lot sera divisé.